BEI GRIN MACHT SICH IHR WISSEN BEZAHLT

- Wir veröffentlichen Ihre Hausarbeit, Bachelor- und Masterarbeit
- Ihr eigenes eBook und Buch - weltweit in allen wichtigen Shops
- Verdienen Sie an jedem Verkauf

Jetzt bei www.GRIN.com hochladen und kostenlos publizieren

Bibliografische Information der Deutschen Nationalbibliothek:

Die Deutsche Bibliothek verzeichnet diese Publikation in der Deutschen Nationalbibliografie; detaillierte bibliografische Daten sind im Internet über http://dnb.d-nb.de/ abrufbar.

Dieses Werk sowie alle darin enthaltenen einzelnen Beiträge und Abbildungen sind urheberrechtlich geschützt. Jede Verwertung, die nicht ausdrücklich vom Urheberrechtsschutz zugelassen ist, bedarf der vorherigen Zustimmung des Verlages. Das gilt insbesondere für Vervielfältigungen, Bearbeitungen, Übersetzungen, Mikroverfilmungen, Auswertungen durch Datenbanken und für die Einspeicherung und Verarbeitung in elektronische Systeme. Alle Rechte, auch die des auszugsweisen Nachdrucks, der fotomechanischen Wiedergabe (einschließlich Mikrokopie) sowie der Auswertung durch Datenbanken oder ähnliche Einrichtungen, vorbehalten.

Impressum:

Copyright © 2018 GRIN Verlag
Druck und Bindung: Books on Demand GmbH, Norderstedt Germany
ISBN: 9783346263964

Dieses Buch bei GRIN:

https://www.grin.com/document/937579

Mevhibe Dülger

Geschichte der Psychologie. Von der Antike bis ins 21. Jahrhundert, der Leipziger Schule und der Romantischen Psychologie

Eine kurze Darstellung

GRIN Verlag

GRIN - Your knowledge has value

Der GRIN Verlag publiziert seit 1998 wissenschaftliche Arbeiten von Studenten, Hochschullehrern und anderen Akademikern als eBook und gedrucktes Buch. Die Verlagswebsite www.grin.com ist die ideale Plattform zur Veröffentlichung von Hausarbeiten, Abschlussarbeiten, wissenschaftlichen Aufsätzen, Dissertationen und Fachbüchern.

Besuchen Sie uns im Internet:

http://www.grin.com/

http://www.facebook.com/grincom

http://www.twitter.com/grin_com

Geschichte der Psychologie

Abgegeben am 31. Dezember 2018
SRH Fernhochschule

Modul: Einführung in die Psychologie
Studiengang: Psychologie

Von
Mevhibe Dülger

Inhaltsverzeichnis

1 Historische Entwicklung der Psychologie 3

   1.1 Grundzüge der Psychologie in der Antike 3

   1.2 Psychologie im Mittelalter und in der Renaissance 4

   1.3 Psychologie in der Romantik 5

   1.4 Psychologie im 19. und 20. Jahrhundert 6

   1.5 Psychologie heute 8

2 Das erste Labor für experimentelle Psychologie in der Leipziger Schule 8

   2.1 Bedeutung des ersten Labors für die Psychologie als eigenständige Wissenschaftsdisziplin 8

   2.2 Einfluss von den Experimenten Wundts und anderer auf das heutige Verständnis psychologischer Forschung 11

3 Romantische Psychologie 12

   3.1 Bedeutung der Romantik für die Psychologie 12

   3.2 Wirkung der Empfindsamkeit auf das psychische Verständnis am Beispiel von Heinrich von Kleist 14

   3.3 Leib-Seele-Problem in der Romantik 16

4 Literaturverzeichnis 18

1 Historische Entwicklung der Psychologie

1.1 Grundzüge der Psychologie in der Antike

Die Geschichte der Psychologie beginnt schon in der Antike. Die Grundzüge der Psychologie bildet die Philosophie, die im antiken Griechenland in Akademien, wie von Platon gelehrt wurden. In der Antike ging es mehr um die Erzählung und das Berichten, als um die systematische Dokumentation von gewonnenen Erkenntnissen. Die Philosophen der Antike beschäftigten sich mit der Natur, mit den Elementen und über das Seelenleben der Menschen. (Helmut Reuter, 2014, S. 51)

Eines dieser Philosophen ist Platon. Platon hat eine dualistische Auffassung, in der er von einer Trennung von Körper und Seele spricht, d.h. die körperliche Substanz und die geistige Substanz zwei getrennte Einheiten sind. Platon teilt die Seele in drei Instanzen auf. Der Erste Teil ist die denkende Seele (gr. logistikon), welches die Kognition ist. Der Sitz im menschlichen Körper der denkenden Seele ist der Kopf. Der zweite Teil ist die zielstrebige und entschlossene Seele (gr. thymoeides). Dies ist die Motivation und dessen Sitz ist die Brust. Der dritte und letzte Teil ist die versorgende Seele (gr. epithymetikon) und dies ist die Emotion. Der Sitz dieser Instanz ist der Unterleib. Platon teilt die Politeia („der Staat") auch in diese drei Instanzen auf. Die denkende Seele ist der Herrscher im Staat. Die Menschen die am intelligentesten sind, also die Philosophen, die Denker. Sie sind das Oberhaupt im Staat und regieren das Land. Die entschlossene Seele ist das Militär, also die Krieger in dem Land. Die versorgende Seele sind die Handwerker, das Volk. (Helmut Reuter, 2014, S. 34–35) In seiner Politeia spricht Platon über eine Ideenwelt, dessen Abbildung die materielle Welt ist. Man kann nur durch den Zugang zur Ideenwelt, Erkenntnisse erlangen. Dies beschreibt er in dem Höhlengleichnis. In einer Höhle sind Menschen so angekettet, dass sie nur auf eine Wand sehen können. Hinter ihnen ist eine Lichtquelle vor dem anderen Menschen verschiedene Gegenstände tragen, die auf die Wand Schatten werfen. Die Menschen in der Höhle sehen nur die abgebildeten Schatten, also nur die Abbildung der sogenannten Ideen. Diese Höhlenbewohner leben ohne Wissen über die Quelle des Lichts. (Helmut Reuter, 2014, S. 39–40)

Ein anderer Philosoph dieser Zeit ist Aristoteles. Aristoteles beschäftigt sich ebenfalls mit der Seele. Im Gegenteil von Platons dualistischen Kerngedanken vertritt Aristoteles eher eine monistische Denkweise. Für ihn kann eine Form ohne materielle Basis nicht existieren, deswegen kann die menschliche Psyche ohne die körperlichen Prozesse zu berücksichtigen nicht betrachtet werden. (Spektrum der Wissenschaft Verlagsgesellschaft mbH, 2014) Ebenfalls wie Platon, teilt Aristoteles die Seele in drei Instanzen auf: die vegetative, animalische und denkende Seele. Diese Aufteilung dient zur Zuweisung seelischer Fähigkeiten zu körperlichen Funktionen. (Funke, 2007, S. 37) Des Weiteren spricht er von Tugenden, die notwendig für das Streben nach Glück und einem erfüllten Leben sind. Für Platon gibt es nur vier Tugenden (Weisheit, Tapferkeit, Besonnenheit und Gerechtigkeit). In Erweiterung dazu spricht Aristoteles in der nikomachischen Ethik von zehn Tugenden (Tapferkeit, Besonnenheit, Großzügigkeit, Hochsinnigkeit, Ehrliebe, Aufrichtigkeit, Freundschaft, Gewandtheit, Schamgefühl und Gerechtigkeit). Das Wesentliche dabei ist der Ausgleich zwischen den Gegensätzen, als Voraussetzung eines erfüllten Lebens. Wie z.B. der Ausgleich zwischen Beherrschtheit und Unbeherrschtheit, Lust und Unlust. (Helmut Reuter, 2014, S. 43–44)

Somit wurden die Grundsteine der Psychologie gesetzt. Auch wenn diese Erkenntnisse nicht den heutigen empirischen Kriterien entsprechen, sind diese Annahemen trotzdem die ersten Schritte in Richtung Wissenschaft.

1.2 Psychologie im Mittelalter und in der Renaissance

Im Mittelalter ist das Gedankengut eher theologisch aufgebaut. Die Kirchenphilosophen haben eine dogmatische Auffassung. Ziel der Scholastik ist es, nicht wissenschaftliche Erkenntnisse zu erlangen, sondern die Erklärung des Glaubens. In der Scholastik beschäftigen sie sich mit der Seelenkunde und auch mit der Naturwissenschaft. Über allem stehen Gott und die Verherrlichung der Religion. Religiöse Richtlinien dienen als Regeln für den Alltag der Menschen. (Helmut Reuter, 2014, S. 54)

Thomas von Aquin (1225-1274), einer dieser sog. Kirchenväter sieht Aristoteles als Zentrum seines Arbeitens. Er setzt sich mit Aristoteles Buch „Über die Seele" aus um diese Erkenntnisse für den christlichen Glauben neu auszulegen.

Ebenfalls wie Aristoteles, hat Thomas von Aquin auch eine monistische Auffassung. Die Existenz der Seele beginnt mit der Zeugung, die sog. „forma substantialis", d.h. Seele und Leib sind eine einzige und einheitliche Gestalt. Darüber hinaus bedeutet für ihn Wahrheit die Übereinstimmung von Sein und Geist.

Ein anderer Scholastiker ist Johannes Duns Scotus. Er setzt sich mit dem menschlichen Willen auseinander. Er differenziert den Willen in göttlichen Willen und dem menschlichen Willen. Der göttliche Wille ist Ursache der Schöpfung und der menschliche Wille ist die Selbstbestimmung der Person. (Helmut Reuter, 2014, S. 63–66)

Ein Vertreter des psychologischen Gedankenguts in der Renaissance ist René Descartes. Er ist ebenfalls der Überzeugung, dass Körper und Geist gegensätzliche Instanzen sind. Descartes unterscheidet zwischen einer geistigen Substanz, die als „res cogitans" (das Denkende) bezeichnet wird und eine körperliche Substanz, die sog. „res extensa" (das Ausgedehnte). Diese Differenzierung wird auch kartesianischer Dualismus genannt. Der „res extensa" kann wie alle anderen Lebewesen, wie z.B. Tiere und Pflanzen mit naturwissenschaftlichen Methoden untersucht und beobachtet werden und ist denselben Naturgesetzlichkeiten ausgesetzt. Die „res cogitans" jedoch kann so nicht untersucht oder beobachtet werden. Auch wenn diese beiden Einheiten komplett getrennt sind stehen sie in einer Wechselwirkung zueinander. (Helmut Reuter, 2014, S. 80–82)

1.3 Psychologie in der Romantik

In der Romantik sieht man die Psychologie in der Kunst, Musik und Literatur, in der die Empfindung, Wahrnehmung und Emotion das zentrale Thema spielen, wider. In dieser Zeit befassen sich Künstler, Dichter und Komponisten mit den verschiedenen menschlichen Seelenzuständen. Sie experimentieren damit, psychologische Prozesse in ihren Werken zu schildern. Dabei sind sie mehr mit den dunklen Seiten der Seele begeistert. Somit beschreiben sie mit der Beobachtung innerer Zustände und durch Selbsterfahrung das „Innenleben". Unterdessen haben die Romantiker eine grundlegende Haltung, dass der Mensch durch das seelische Erleben bestimmt wird. Nicht nur der Mensch wird so gesehen, sondern die Natur wird ebenfalls als „beseelt" beschrieben. Die

Seele der Natur hat viel Seiten, nämlich eine helle aber auch eine dunkle, die den Wahnsinn widerspiegeln soll. (Helmut Reuter, 2014, S. 138–140)

Die Schilderung der Psychologie in der Musik hat den Vorteil, dass sie direkt erfasst werden kann. Sie muss nicht kognitiv entschlüsselt werden, sondern kann emotional als auch kognitiv begriffen werden. Eines dieser Komponisten ist Franz Schubert, der Gedichte mit Musikstücken vertont, wie z.B. „Die Forelle". Dieses Gedicht ist eine Komponente der beseelten Natur. Sie spricht von der Wanderung, dessen Geschwindigkeit eine optimale Kommunikation mit sich selbst und der Natur begünstigen. Diese Geschwindigkeit ist wahrnehmungspsychologisch optimal für die Kommunikation zwischen Wanderer und der Natur. (Helmut Reuter, 2014, S. 116–117)

1.4 Psychologie im 19. und 20. Jahrhundert

In der zweiten Hälfte des 19. Jahrhunderts kommt es zu einer wirtschaftlichen und gesellschaftlichen Wende. Durch die industrielle Revolution und ihre neuen Produktionsverfahren und die Gewinnung von Stahl veränderten sich ganze Regionen. Ebenso durch neue Erfindungen gewinnen die Menschen ein neues Weltbild. Diese neue Grundanschauung widerspricht vollkommen der romantischen Auseinandersetzung mit der seelenvollen Natur und dem „Innenleben". Als Folge dieser industriellen Revolution kommt es zu Auswanderungen in Industriegebiete und Verlassen der Agrarregionen, die wiederum zu einer politischen Wende führen. Dieser politische Umbruch löst Widerstände bei Studenten und Professoren aus. Antworten für diese Probleme findet man nicht mehr durch Literatur, Philosophie oder in der Religion, sondern in naturwissenschaftlichen Methoden und Techniken. (Helmut Reuter, 2014, S. 143–145)

Somit werden die ersten Versuche gestartet psychologische Prozesse und Erkenntnisse mit Methoden und Techniken aus der Naturwissenschaft zu beobachten und zu untersuchen. Als Erkenntnisgewinnung wird nicht mehr die poetische Sprache eines Dialogs genutzt, sondern eine neue Art von Sprache zwischen dem Versuchsleiter und der Versuchsperson. Diese Sprache beinhaltet kurze Anweisungen zur Steuerung des Experiments und technische Fachbegriffe. Diese Kommunikation ist nicht verständlich für einen

Außenstehenden. Ein wichtiger Aspekt ist die Kontrollierbarkeit der Variablen und der Störfaktoren. In der Literatur findet sich ein Beispiel dazu in dem Drama „Woyzeck" von Georg Büchner.

„Es ist das psychologisch, oder besser: kriminalpsychologisch, höchst aufschlussreiche Drama des einfachen Soldaten Woyzeck, der zum Mörder an seiner Geliebten Marie wird und dem Wahnsinn verfällt. Eine der Dramengestalten, die in ihrer Arroganz und Menschenverachtung zu seinem Untergang beitragen, ist der „Doctor". Der Doctor verfolgt ein Forschungsprojekt und Woyzeck ist seine Versuchsperson. Damals begann die Zeit der experimentellen Versuche, und diese erfordern die vollständige Kontrolle der Variablen. Die Variablen sind in diesem Fall die Handlungen des Soldaten Woyzeck." (Helmut Reuter, 2014, S. 145)

Gustav Theodor Fechner (1801-1887) ist einer der ersten Forscher, die physikalische Methoden nutzt um die psychologische Wahrnehmung zu messen. Fernerhin beschäftigt er sich mehr mit der Wahrnehmungspsychologie. Er studiert Medizin, Physik, Mathematik, sowie auch Philosophie. Dadurch verknüpft er die Traditionen der romantischen Weltauffassung und der Sprache mathematischer Formeln. Nachdem er wegen einer Erkrankung an seinen Augen jahrelang in einem dunkeln Zimmer, vollkommen abgeschottet von der Außenwelt lebt, verändert sich sein Denken in eine monistische Auffassung. Er arbeitet nun darauf, die Phänomene der beseelten Welt systematisch experimentell zu erforschen und das nicht mehr im poetischen Schreibstil, sondern in mathematischer Sprache. Ernst Heinrich Weber beschäftigt sich ebenfalls mit der Wahrnehmung des Menschen und spricht von einer Reizschwelle. Mit dieser Tatsache beschreibt Fechner das Verhältnis von ansteigenden Reizstärken und den einhergehenden Sinnesintensitäten. Die Formel $E = k \cdot \log R + C$ legt den Maß der Empfindung dar. (E=Empfindungsintensität, R= Reizgröße, k= konstanter Schwellenwert, C =additive reizspezifische Konstante) (Helmut Reuter, 2014, S. 149–151)

Gegen Ende des 19. Jahrhunderts wurde das erste Labor an der Universität Leipzig von Wilhelm Wundt gegründet. Dies war das erste Labor mit kontrollierten Bedingungen, in der das menschliche Erleben experimentell beobachtet und untersucht wird. Somit wird die Psychologie zur Wissenschaft.

Sie wird nicht nur als etwas Geistiges angesehen, sondern wird nun auch mit naturwissenschaftlichen Aspekten unter die Lupe genommen. (Helmut Reuter, 2014, S. 152–154)

1.5 Psychologie heute

Das Fach Psychologie ist eine sehr vielfältige Disziplin in der Gegenwart. Sie verknüpft sich mit sehr vielen Nachbardisziplinen und ergibt so eine weite Bandbreite an Forschungsgebieten. Von der biologischen Psychologie, Gesundheitspsychologie, Arbeits- und Organisationspsychologie bis hin zur Verkehrspsychologie gibt es viele verschiedene Richtungen, in die die Psychologie einschlägt. Auch wenn die Psychologie ein interdisziplinäres Fach ist, hat sie trotzdem ein gemeinsames Fundament, die sich mit bestimmten Grundfragen des menschlichen Erlebens und Verhaltens beschäftigt. Um verschiedene Fragestellungen in bestimmten Teildisziplinen zu bearbeiten, muss man spezifische Vorgehensweisen und Arten der Theorienbildung nachgehen. Auch wenn die Psychologie sich in so viele Teildisziplinen derart ausbreitet, verliert sie trotzdem ihren Kern und ihre Identität nicht. Im Gegenteil kommt es durch diese Vernetzung mit verschiedenen Nachbardisziplinen, wie z.B. der Medizin, Informatik und Ethologie, zu atemberaubenden Erkenntnissen und Entwicklungen. Somit öffnen diese Entwicklungen und Verknüpfungen viele neue Perspektiven in der Zukunft dieses Faches. Demzufolge hat die Psychologie eine sehr glänzende Zukunftsperspektive. (Klaus Fiedler, Reinhold Kliegl, Ulman Lindenberger, Rainer Mausfeld, Amelie Mummendey, Wolfgang Prinz, 2007)

2 Das erste Labor für experimentelle Psychologie in der Leipziger Schule

2.1 Bedeutung des ersten Labors für die Psychologie als eigenständige Wissenschaftsdisziplin

Wilhelm Wundt (1832-1920) wird als Begründer der wissenschaftlichen Psychologie gesehen. Er studiert ursprünglich Medizin, spezialisiert sich später über das Verhalten der Nerven und die Habilitation in der Physiologie. 1875 wird er zur Universität Leipzig für den Lehrstuhl der Philosophie auserwählt. Somit beginnt die Entwicklung der Psychologie als eigenständige Wissenschaft. Nach vier Jahren 1879 begründet Wundt das erste experimentelle Labor für Psychologie. Zu dieser Zeit ist Leipzig eines der bedeutendsten Universitäten der Welt und hat Akademiker aus aller Welt, die in vielen verschiedenen Fächern gelehrt sind. Folglich beginnt die Differenzierung von Wissenschaftsdisziplinen, deren Stabilisierung und danach ihre Förderung. Demzufolge gibt es auch andere Neugründungen außerhalb der Psychologie. Leipzig gilt zu dieser Zeit als „Mekka der Anhänger der neuen Wissenschaft". (Helmut E. Lück, 1984, S. 63)

Wundt kombiniert die Methoden der Philosophie und der Physiologie, dadurch erforscht er eine neue Art, menschliches Verhalten zu verstehen. Thomas Hardy Leahey schreibt in seinem Buch „History of Psychology", dass Wundt „wedded physiology and psychology and made the resulting offspring independent". Wundt behauptet, dass der Kern der Bewegung und Motivation des Organismus ein psychologischer Prozess ist. Er ist der Auffassung, dass geistige Erlebnisse objektiv erkennbar und messbar sind. Egal wie kompliziert geistige Prozesse sind, kann man sie trotzdem in simple Elemente und Abschnitte aufteilen. (Thomson Gale, 2004, S. 447–448)

Demzufolge sieht Wundt die Naturwissenschaft als Vorbild für psychologische Untersuchungen. Er benutzt Apparaturen und Messgeräte zum Experimentieren. Trotzdem sieht er es als Notwendig, philosophische Traditionen immer noch zu berücksichtigen und die psychologische Forschung noch in die Geistes- und Sozialwissenschaft einzugliedern. Dementsprechend kann man diese Apparaturen nicht als eine neue Art der Erkenntnisgewinnung oder das Labor als neuer Ort der Erleuchtung ansehen, ohne einer bestimmten Denktradition nachzugehen. Dennoch wird die philosophische Reflexion von der Forschungsmethode Experiment ersetzt. (Helmut Reuter, 2014, S. 152–153)

Bei der Institutionalisierung der Psychologie spielen auch Publikationen der Arbeiten des Labors eine wichtige Rolle. 1883-1903 werden in 20 Bänden die „Philosophischen Studien", später 1905 in 10 Bänden „Psychologische Studien" publiziert und selbst von Wundt herausgegeben. Von 103 Publikationen gehören 75 zu den Gebieten der Psychophysik und der Sinnesphysiologie. Auch wenn andere Forscher daran beteiligt sind, ist es Wundt, der all diese Erkenntnisse zusammengetragen hat, damit die Psychologie als eine eigenständige Wissenschaftsdisziplin mit einer eigenen Forschungskapazität, Kategorien, Methoden und Fragestellungen angesehen werden kann. Den Grundbestand dieser Erkenntnisse schildert Joan Metge wie folgt:

1. Ergebnisse der Sinnesphysiologie, erarbeitet durch Purkinje, Goethe, Johannes Müller, Weber, Hering, Helmholtz und Fechner. Dabei waren die wichtigsten verbunden mit der Entdeckung gesetzmäßiger Zusammenhänge zwischen Außenreizen, Nervenerregungen und Empfindung (Weber-Fechnersches Gesetz; Gesetz der spezifischen Sinnesenergien; Theorie der Raumwahrnehmung; Theorie der Zeitwahrnehmung).

2. Entdeckung gesetzmäßiger Zusammenhänge zwischen dem Psychischen und seinen organischen Grundlagen, sowie des reflektorischen Charakters der Nerventätigkeit und ihrer hierarchischen Organisation; und in diesem Zusammenhang die Entdeckung von Gesetzmäßigkeiten psychischer Vorgänge, wie unbewusster Schlüsse und der Logik der Wahrnehmungsprozesse.

3. Entdeckung der Anwendbarkeit naturwissenschaftlicher, vor allem physikalischer und physiologischer Experimentiermethoden in der psychologischen Forschung und der Möglichkeit, psychische Phänomene quantitativ erfassen zu können. (Helmut E. Lück, 1984, S. 64–65)

Diese Ansätze sind jedoch immer noch kein Gegenstand der psychologischen Forschung, sondern sind wieder naturwissenschaftlich veranlagt. Wundt ist allerdings immer noch bestrebt diese Annahmen als psychologisch anzusehen. Sein Anliegen ist nicht diese Erkenntnisse nur zusammenzutragen und sie systematisiert zu haben, sondern die Psychologie als neue Wissenschaft zu beanspruchen. Wundts grundliegende Auffassung für die Psychologie als neue Wissenschaft beschreibt Metge folgendermaßen:

1. Darstellung der Psychologie als Erfahrungswissenschaft und die Abkehr von den metaphysischen Spekulationen
2. Psychologie als ein Entwicklungsprozess und die Ausdehnung auf die geistigen und gesellschaftlichen Erscheinungen

3. Psychologie sowohl ein aus inneren Bestimmungsgründen, aber auch durch physiologische Hirnaktivitäten bestimmten Prozess
4. Charakterisierung der Psychologie mit ihrer Eigengesetzlichkeit
5. Anwendung der Experimentalmethodik und der Statistik als psychologische Forschungsmethode
6. Fundament aller Erkenntnisse in der Selbstauffassung des Menschen; Kombination der Methode der Selbstbeobachtung und der experimentellen Methodik ergibt Grundlage der inneren Erfahrung (Helmut E. Lück, 1984, S. 65–67)

Für Wundt ist es wichtig, die Psychologie zuerst theoretisch und methodisch zu vereinheitlichen, damit sie überhaupt auch einen wissenschaftlichen Anspruch bekommen kann. Sein Leben lang arbeitet er dafür, der Psychologie als eine eigenständige Wissenschaft Anerkennung zu verschaffen. (Helmut E. Lück, Rudolf Miller, 1993, S. 41) Seine Zeitgenossen, wie z.B. Fechner behaupten die Psychologie könne keine eigene Institution sein, denn sie wäre kein Gegenstand der Forschung, da in ein paar Jahren die Forschungsobjekte erschöpft wären. Auch wenn Fechner viele grundlegende Beiträge für die psychologische Forschung liefert, glaubt er an keine Zukunft für die Psychologie. Letztendlich bekommt die Psychologie 1925 die Bezeichnung „psychologische Institut". (Helmut E. Lück, 1984, S. 65)

2.2 Einfluss von den Experimenten Wundts und anderer auf das heutige Verständnis psychologischer Forschung

Wundt ist der Begründer der experimentellen Psychologie, somit haben auch seine Forschungen oder auch die Erkenntnisse seiner Schüler einen Einfluss auf das heutige Verständnis psychologischer Forschung. Nicht nur der Forschung, sondern auch bei der Anwendung der Forschungsergebnisse.

Wundts Forschungsmethoden sind ein Vorbild für die heutige Forschung und Erkenntnisgewinnung. Er experimentiert zum ersten Mal in der Geschichte der Psychologie, in kontrollierten Bedingungen. Viele Psychologen adoptieren diese Forschungsweise um zu Erkenntnissen zu gelangen. Auch heute noch wird in streng kontrollierten Bedingungen, als Laborexperiment methodisch Untersuchungen durchgeführt.

Wundt arbeitet in den drei Bereichen der mentalen Funktionsweise. Mit Gedanken, Bildern und Gefühlen. Dieses Forschungsgebiet ist ebenfalls die Grundlage der heutigen kognitiven Psychologie und die Untersuchung von Wahrnehmungsprozessen. (McLeod, 2008)

Für die Anwendung der psychologischen Forschung im Bereich Arbeitspsychologie gibt uns Hugo Münsterberg, einer von Wundts Schülern, wichtige Darbringungen, wie z.B. Eignungstests für verschiedene Berufe und deren Durchführung. Ebenfalls wie Hugo Münsterberg, beschäftigt sich Emil Kraepelin auch mit den Pausen und Belastungen in der Arbeit. (Helmut Reuter, 2014, S. 154)

3 Romantische Psychologie

3.1 Bedeutung der Romantik für die Psychologie

Das Psychologieverständnis in der Romantik ergibt viele Ansätze der Psychologie mit dem Vorbild der Naturwissenschaften. Jedoch kein klassisches Verständnis der Naturwissenschaften, sondern das Verständnis von Galvanis und Volta. Die derzeitige romantische Naturforschung besteht darin, die vorhandenen Grenzen der Naturwissenschaft nicht in Acht zu nehmen. Da die Naturwissenschaft in ihrer Forschungsweise alles eingrenzt, einteilt und klassifiziert, wollen die Romantiker, im Gegensatz Grenzen einreißen. Die klassische Naturwissenschaft grenzt das Anorganische und das Organische klar ein. Jedoch durch Galvanis Entdeckung der zuckenden Froschschenkel, gehen das Organische und Anorganische ineinander über. Dies führt zu einer Synthese der psychischen und physiologischen Methoden und Begrifflichkeiten. (Kurt Röttgers, 1991, S. 28–29)

In der Romantik beschäftigen sich die Dichter, Komponisten und Künstler überwiegend mit den Seelenzuständen des Menschen. Das seelische Erleben jedes Menschen definiert ihn. Sie stellen das Gefühl über den Verstand, in Hinsicht auf ihre Werthaltigkeit. Für die Romantiker hat nicht nur der Mensch eine Seele, sondern die Natur hat ebenfalls eine Seele, genauer gesagt eine große Seelengemeinschaft. (Helmut Reuter, 2014), S. 138

Friedrich von Hardenberg beschäftigt sich mit dem Sitz der Seele. Für ihn ist die Seele und der Körper als Oberfläche und Tiefe im Verhältnis, darüber hinaus arbeiten die Sinne als Vermittler zwischen diesen beiden Instanzen. Später greift Schlegel ein und beschreibt den Seelenbegriff neu. Die Seele ist ein Berührungsphänomen, d.h. sie ist der Berührungspunkt von der Innenwelt und der Außenwelt. Somit löst sich der Seelenverständnis von dem theologischen und dem metaphysischen und wird der Wahrnehmungsvermittlung zugeteilt. (Kurt Röttgers, 1991, S. 25–26)

Andererseits befassen die Romantiker sich auch mit psychischen Krankheiten und der Psychiatrie. Friedrich Schlegel befasst sich mit der Krankheit und bestimmt, dass das Leben des Menschen zwischen „Lähmung und Zuckung" abläuft. Wenn diese beiden Extremen im richtigen Verhältnis sind, bedeutet dies Gesundheit. Aber bei einem falschen Verhältnis, bedeutet dies Krankheit. Für ihn liegen hinter den herkömmlichen Krankheiten versteckte Bedeutungen: „Geiz ist kaltes Fieber, Ruhmsucht hitziges, Wollust faules". Zusätzlich gibt es auch die Eitelkeit, den Eigensinn, Habsucht, Schwärmerei, Luxus, Üppigkeit usw. Hardenberg beschäftigt sich ebenfalls mit psychischen Krankheiten. Er behauptet, man könne die seelischen Vorgänge des Menschen durch das Erforschen der psychischen Krankheiten erklären und darüber Erkenntnisse erlangen. (Kurt Röttgers, 1991, S. 28) Auch der Arzt F. A. Mesmer befasst sich mit Krankheiten und ihrer Heilung. Durch eine Art von Magnetismus versucht er psychische Phänomene, wie Somnambulismus, konvulsivischen Muskelkrämpfen, Epilepsie, Veitstanz, Hysterie, Angstzustände, Sinnestäuschungen usw. zu erklären und sie zu heilen, indem der kranke Körper mit einem Magnet berührt und bestreicht wird. Doch die Heilung liegt nicht am Magneten, sondern man vermutet, dass in jedem Organismus ein „animalischer Magnet" vorhanden sei. (Kurt Röttgers, 1991, S. 50–51)

Die Psychologie wird unter anderem mit anderen Wissenschaften in Verbindung gebracht, z.B. der Ontologie, Moral, Ethik, Theologie, Kosmologie, Naturrecht und der Ästhetik. Jedoch die Grundlagen sind im Theoretischen, dem Praktischen und dem Ästhetischen verankert. Diese Bereiche können nun entweder mathematisch, naturwissenschaftlich oder dogmatisch untersucht werden. Dem Theoretischen resultiert die Logik, dem Praktischen ergibt sich die

Moral und dem Ästhetischen das Naturrecht. (Kurt Röttgers, 1991, S. 26–27) Somit gibt es auch verschiedene Abwandelungen der Psychologie: die Tierpsychologie, Völker- und Sozialpsychologie, Psychologie der Humanentwicklung und die differentielle Psychologie. (Funke, 2007, S. 94)

3.2 Wirkung der Empfindsamkeit auf das psychische Verständnis am Beispiel von Heinrich von Kleist

Heinrich von Kleist (1777 – 1811) ist ein Dichter der Romantik. In der Romantik ist die Erkenntnisgewinnung eher künstlerisch veranlagt. Deswegen enthalten viele literarische, künstlerische oder musikalischen Werke, Erkenntnisse über psychische Prozesse. Eines dieser Werke ist die Erzählung „Über das Marionettentheater" (1810). Das Werk ist eine Folge von drei verschiedenen Erzählungen. In dem ersten Teil versucht der Erzähler einen Tänzer zu überzeugen, dass der Tänzer viel von einer Marionette lernen kann und die Marionette in Sachen Bewegung auch Vorteile hat gegenüber einem Menschen. Im zweiten Teil gibt es einen Jüngling, der seiner anmutigen Bewegungen und die Vollkommenheit nicht bewusst ist. Er verliert diese Anmut jedoch nachdem er seiner Bewegungen gewiss wird, welches negative Einwirkungen für seine Persönlichkeit und Selbstsicherheit hat. Der dritte Teil spricht von einem dressierten Bären, der gegen einen professionellen Fechter, mit den absichtslosesten Bewegungen abwehrt. (Helmut Reuter, 2014, S. 128–129)

Im Folgenden zeigt Kleist auf, dass die Ganzheit der Gestalt nicht die Summe von einzelnen Bewegungsdetails ist, sondern ein „übersummatives Phänomen". Somit ergibt sich die „gute Gestalt". Diese Annahmen werden heute noch in der Gestaltpsychologie formuliert. „Ich erkundigte mich nach dem Mechanismus dieser Figuren, und wie es möglich wäre, die einzelnen Glieder derselben und ihre Punkte, ohne Myriaden von Fäden an den Fingern zu haben so zu regieren, als es der Rhythmus der Bewegung, oder der Tanz erfordere? Er [der Tanzvirtuose, Anm. d. Verf.] antwortete, dass ich mir nicht vorstellen müsse, als ob jedes Glied einzeln, während der verschiedenen Momente des Tanzes, von dem Maschinisten gestellt und gezogen würde. Jede Bewegung, sagt er, hätte einen Schwerpunkt; Es wäre genug, diesen, in dem Innern der Figur, zu regieren;

Die Glieder, welche nichts als Pendel wären, folgten, ohne ein Zutun, auf eine mechanische Weise von selbst." (Helmut Reuter, 2014, S. 129)

Anschließend dazu kommt es zu einem 15-jährigen Jüngling der eine negative Persönlichkeitswandlung durchlebt. Dies ist der entgegengesetzte Weg der Gestaltvollkommenheit, d.h. die Gestalt ist am Anfang vollkommen und zersetz sich nach und nach. Durch die Bewusstheit des Vorgangs kommt es zu einer gebrochenen Gestalt. „Von diesem Tage, gleichsam von diesem Augenblick an, ging eine unbegreifliche Veränderung mit dem jungen Menschen vor. Er fing an, tagelang vor dem Spiegel zu stehen; und immer ein Reiz nach dem anderen verließ ihn. Eine unsichtbare und unbegreifliche Gewalt schien sich, wie ein eisernes Netz, um das freie Spiel seiner Gebärden zu legen, und als ein Jahr verflossen war, war keine Spur mehr von der Lieblichkeit in ihm zu entdecken. die die Augen der Menschen sonst, die ihn umringten, ergötzt hatte." (Helmut Reuter, 2014, S. 130)

Hier wird der Begriff der Vollkommenheit mit der „Grazie" beschrieben, dies führt zu der „guten Gestalt" der Gestalttheorie und eine der kognitiv-emotiven Konzentration entgegenstehenden Abwesenheit aller Äußerlichkeiten. "Wir sehen, dass in dem Maße, als, in der organischen Welt, die Reflexion dunkler und schwächer wird, die Grazie darin immer strahlender und herrschender hervortritt. – ... so findet sich auch, wenn die Erkenntnis gleichsam durch ein Unendliches gegangen ist, die Grazie wieder ein; so, dass sie, zu gleicher Zeit, in demjenigen menschlichen Körperbau am reinsten erscheint, der entweder gar keins, oder ein unendliches Bewusstsein hat, d.h. in dem Gliedermann oder in dem Gott. Mithin, sagte ich ein wenig zerstreut, müssten wir wieder von dem Baum der Erkenntnis essen, um in den Stand der Unschuld zurückzufallen? Allerdings antwortete er; das ist das letzte Kapitel von der Geschichte der Welt." (Helmut Reuter, 2014, S. 131)

In diesem Aufsatz gibt es konkrete und aktuelle Prinzipien der Gestaltpsychologie des Handelns und ihre kognitiven Voraussetzungen. Kleists Methoden der Erkenntnisgewinnung in diesem Aufsatz sind sogar empirisch und experimentell ausgelegt. Somit gibt es zu dieser Zeit viele Einflüsse und viele neue Erkenntnisse von psychischen Prozessen und dem psychischen Denken durch die Literatur, Kunst und der Musik. (Helmut Reuter, 2014, S. 132)

3.3 Leib-Seele-Problem in der Romantik

Der Romantiker Friedrich Schlegel (1772-1829) geht von einer monistischen Auffassung aus. Er schreibt 1798: „Geist und Körper sind durchaus eins und dasselbe. Dies hat absolute Gewißheit" (Kurt Röttgers, 1991, S. 28) Dabei sieht er auch ein, dass die Seele eine unendliche und der Körper eine endliche Instanz sind. Bei der Verbindung dieser Instanzen kommt es zu einem metaphysischen Problem bei der Verbindung vom Endlichen und dem Unendlichen. Da es in der Romantik darum geht die Grenzen der Naturwissenschaften einzureißen, löst Schlegel diese Problemstellung, indem er behauptet, dass Endlichkeit und Unendlichkeit schon immer in ihrer Identität verknüpft seien. (Kurt Röttgers, 1991, S. 28)

Auch Friedrich von Hardenberg (1772-1801) ist ebenfalls monistischer Auffassung. Für ihn ist das Zusammenspiel von Körper und Seele sehr wichtig und ein zentrales Thema für seine philosophisch-psychologischen Denkweisen. Wie folgt schreibt er: „Wer bey der Erklärung des Organism keine Rücksicht auf die Seele nimmt und das geheimnißvolle Band zwischen ihr und dem Körper, der wird nicht weit kommen. Leben ist vielleicht nichts anders, als das Resultat dieser Vereinigung - die Action dieser Berührung." Diesen Zusammenhang beschreibt er nicht nur theoretisch, sondern meint, man könne diese Erkenntnisse auch praktisch und therapeutisch nutzen. (Kurt Röttgers, 1991, S. 30)

Hardenberg beschreibt diesen Zusammenhang von Körper und Seele mit dem Vergleich zum Galvanismus. Galvanismus ist ein elektrochemischer Prozess, indem auf verschiedenen Ebenen drei verschiedene Stoffe das Fließen von Elektrizität verursachen. Im Vergleich dazu kann der Geist durch die Sinne auf die Seele einwirken. Diese Einwirkung ist jedoch keine mechanische Einwirkung, sondern eine Spannung zwischen diesen zwei Polen: dem Geist und der Seele, die trotzdem aus derselben Natur bestehen. Dies ist ein Spannungsfeld mit einer Fernwirkung, ohne, dass die beiden Pole direkt in Verbindung treten. Dieses Spannungsfeld kann allerdings nur entstehen, wenn ein drittes Element die zwei Pole trennt. In diesem Fall ist dieses dritte Element die Sinne, die zwischen dem Geist und der Seele intervenieren und vermitteln.

Im Weiteren versteht sich, dass der Sitz der Seele sich im Berührungsbereich der Innenwelt und der Außenwelt befindet. „Wir haben 2 Systeme von Sinnen, die so verschieden sie auch erscheinen, doch auf das innigste mit einander verwebt sind. Ein System heißt der Körper, Eins, die Seele." (Kurt Röttgers, 1991, S. 31) Der Körper steht in Verbindung mit der Natur und der Außenwelt und die Seele steht in Verbindung mit der Innenwelt und dem Geist. Diese Welten wirken sich auf Körper und Seele ein. Es kommt aber auch zu Wechselwirkungen zwischen den Instanzen. (Kurt Röttgers, 1991, S. 31–32)

Hardenberg erklärt, dass es bestimmte Situationen gibt, in der sich Körper und Seele annähern. Diese Annäherung entsteht durch das „heruntersteigen" der Seele und dem „heraufsteigen" des Körpers, bis sie sich in der Mitte treffen. „Seele und K[örper] berühren sich im Act. - chemisch - oder galvanisch - oder electrisch - oder feurig - Die Seele ißt den K[örper] ... - der Körper empfängt die Seele." (Kurt Röttgers, 1991, S. 36) Ein Beispiel für diesen Zustand ist der Schlaf. Während dem Schlaf sind Körper und Seele in einem Indifferenzzustand und sie werden durch eine chemische Verbindung aneinandergebunden. (Kurt Röttgers, 1991, S. 36)

Diese Auffassung und Ansichten über das Seele-Körper Verhältnis haben Auswirkungen auf die psychologische aber auch auf die physiologische Forschung. Deswegen kann man Seelenvorgänge ohne den Körper und die körperlichen Veränderungen ohne die Seele zu berücksichtigen, nicht erforschen. „Bey körp[erlichen] Bewegungen und Arbeiten beobachte man die Seele, und bey innern Gemüthsbewegungen und Thätigkeiten d[en] Körper." (Kurt Röttgers, 1991, S. 38–39)

4 Literaturverzeichnis

Funke, J. (2007). *Geschichte der Psychologie,* Universität Heidelberg. Zugriff am 02.12.2018. Verfügbar unter https://www.psychologie.uni-heidelberg.de/ae/allg/lehre/Geschichte.pdf

Helmut E. Lück. (1984). *Geschichte der Psychologie. Ein Handbuch in Schlüsselbegriffen:* Urban & Schwarzenberg.

Helmut E. Lück, Rudolf Miller (Hrsg.). (1993). *Illustrierte Geschichte der Psychologie.* München: Quintessenz.

Helmut Reuter. (2014). *Geschichte der Psychologie. Bachelorstudium Psychologie* (1. Aufl.). Göttingen: Hogrefe Verlag.

Klaus Fiedler, Reinhold Kliegl, Ulman Lindenberger, Rainer Mausfeld, Amelie Mummendey, Wolfgang Prinz. (2007). Wer erklärt den Menschen. Psychologie im 21. Jahrhundert. *Geist&Gehirn,* 111–118. Eine Standortbestimmung.

Kurt Röttgers. (1991). Romantische Psychologie. *Psychologie und Geschichte, 3,* 24–64. Verfügbar unter http://journals.zpid.de/index.php/PuG/article/view/99/138

McLeod, S. A. (2008). *Wilhelm Wundt.* Zugriff am 27.12.2018. Verfügbar unter https://www.simplypsychology.org/wundt.html

Spektrum der Wissenschaft Verlagsgesellschaft mbH (Hrsg.). (2014, 4. Dezember). *Aristoteles.* Zugriff am 03.12.2018. Verfügbar unter https://www.spektrum.de/lexikon/psychologie/aristoteles/1369

Thomson Gale (Hrsg.). (2004). *Psychologists and Their Theories: For Students* (Psychologists and Their Theories for Students, Bd. 2, 2 Bände). Detroit, MI: Emerald Group Publishing Limited.

BEI GRIN MACHT SICH IHR WISSEN BEZAHLT

- Wir veröffentlichen Ihre Hausarbeit, Bachelor- und Masterarbeit

- Ihr eigenes eBook und Buch - weltweit in allen wichtigen Shops

- Verdienen Sie an jedem Verkauf

Jetzt bei www.GRIN.com hochladen und kostenlos publizieren